MW01244518

LE SECRET DE MARIE

Saint Louis-Marie Grignion de Montfort

LE SECRET DE MARIE

SUR L'ESCLAVAGE DE LA SAINTE VIERGE

LB

ISBN : 978-1-326-70333-2
Couverture :
© Éditions LB

INTRODUCTION

Âme prédestinée, voici un secret que le Très-Haut m'a appris, et que je n'ai pu trouver en aucun livre ancien ni nouveau. Je vous le confie par le Saint-Esprit, à condition :

1. Que vous ne le confierez qu'aux personnes qui le méritent par leurs oraisons, leurs aumônes, mortifications, persécutions, et zèle du salut des âmes et détachement;

2. Que vous vous en servirez pour devenir sainte et céleste; car ce secret ne devient grand qu'à mesure qu'une âme en fait usage. Prenez bien garde de demeurer les bras croisés, sans travail; car mon secret vous deviendrait poison et serait votre condamnation...

3. À condition que vous remercierez Dieu, tous les jours de votre vie, de la grâce qu'il vous a faite de vous apprendre un secret que vous ne méritiez pas de savoir.

Et à mesure que vous vous en servirez dans les actions ordinaires de votre vie, vous en connaîtrez le prix et l'excellence que vous ne connaîtrez d'abord qu'imparfaitement, à cause de la multitude et [de] la grièveté de vos péchés et de vos attaches secrètes à vous-même.

Avant de passer outre dans un désir empressé et naturel de connaître la vérité, dites dévotement, à genoux, l'*Ave maris Stella* et le *Veni Creator*, pour demander à Dieu la grâce de comprendre et goûter ce mystère divin...

À cause du peu de temps que j'ai pour écrire, et du peu que vous avez à lire je dirai tout en abrégé...

I. NÉCESSITÉ D'UNE VRAIE DÉVOTION À MARIE

A. LA GRÂCE DE DIEU EST ABSOLUMENT NÉCESSAIRE

Âme, image vivante de Dieu et rachetée du Sang précieux de Jésus-Christ, la volonté de Dieu sur vous est que vous deveniez sainte comme lui dans cette vie, et glorieuse comme lui dans l'autre.

L'acquisition de la sainteté de Dieu est votre vocation assurée; et c'est là que toutes vos pensées, paroles et actions, vos souffrances et tous les mouvements de votre vie doivent tendre; ou vous résistez à Dieu, en ne faisant pas ce pour quoi il vous a créée et vous conserve maintenant.

Oh! quel ouvrage admirable! la poussière changée en lumière, l'ordure en pureté, le péché en sainteté, la créature en le Créateur et l'homme en Dieu! Ô ouvrage admirable! je le répète, mais ouvrage difficile en lui-même et impossible à la seule nature; il n'y a que Dieu qui, par une grâce, et une grâce abondante et extraordinaire, puisse en venir à bout; et la création de tout l'univers n'est pas un si grand chef- d'œuvre que celui-ci...

Âme, comment feras-tu? Quels moyens choisiras-tu pour monter où Dieu t'appelle? Les moyens de salut et de sainteté sont connus de tous, sont marqués dans l'Évangile, sont expliqués par les saints et nécessaires à tous ceux qui veulent se sauver et arriver à la perfection; tels sont: l'humilité de cœur, l'oraison continuelle, la mortification universelle, l'abandon à la divine Providence, la conformité à la volonté de Dieu.

Pour pratiquer tous ces moyens de salut et de sainteté, la grâce et le secours de Dieu est absolument nécessaire, et cette grâce est donnée à tous plus ou moins grande; personne n'en doute. Je dis: plus ou moins grande; car Dieu quoique infiniment bon, ne donne pas sa grâce également forte à tous, quoiqu'il la donne suffisante à tous. L'âme fidèle à une grande grâce fait une grande action, et avec un faible grâce fait une petite action. Le prix et l'excellence de la grâce donnée de Dieu et suivie de l'âme fait le prix et l'excellence de nos actions. Ces principes sont incontestables.

B. POUR TROUVER LA GRÂCE DE DIEU, IL FAUT TROUVER MARIE

Tout se réduit donc à trouver un moyen facile pour obtenir de Dieu la grâce nécessaire pour devenir saint; et c'est ce que je veux [vous] apprendre. Et, je dis que pour trouver la grâce de Dieu, il faut trouver Marie. Parce que:

1. C'est Marie seule qui a trouvé grâce [devant] Dieu, et pour soi, et pour chaque homme en particulier. Les patriarches et les prophètes, tous les saints de l'ancienne loi n'ont pu trouver cette grâce.

2. C'est elle qui a donné l'être et la vie à l'Auteur de toute grâce, et, à cause de cela, elle est appelée Mère de la grâce, *Mater gratiae.*

3. Dieu le Père, de qui tout don parfait et toute grâce descend comme de sa source essentielle, en lui donnant son Fils, lui a donné toutes ses grâces, en sorte que, comme dit saint Bernard, la volonté de Dieu lui est donnée en lui et avec lui.

4. Dieu l'a choisie pour la trésorière, l'économe et la dispensatrice de toutes ses grâces; en sorte que toutes ses grâces et tous ses dons passent par ses mains; et, selon le pouvoir qu'elle en a reçu, suivant saint Bernardin, elle donne à qui elle veut, comme

elle veut, quand elle veut et autant qu'elle veut, les grâces du Père éternel, les vertus de Jésus-Christ et les dons du Saint-Esprit.

5. Comme dans l'ordre naturel, il faut qu'un enfant ait un père et une mère, de même dans l'ordre de la grâce, il faut qu'un vrai enfant de l'Église ait Dieu pour père et Marie pour mère; et, s'il se glorifie d'avoir Dieu pour père, n'ayant point la tendresse d'un vrai enfant pour Marie, c'est un trompeur qui n'a que le démon pour père...

6. Puisque Marie a formé le Chef des prédestinés, qui est Jésus-Christ, c'est à elle aussi de former les membres de ce chef, qui sont les vrais chrétiens: car une mère ne forme pas le chef sans les membres, ni les membres sans le chef. Quiconque donc veut être un membre de Jésus-Christ, plein de grâce et de vérité, doit être formé en Marie par le moyen de la grâce de Jésus-Christ, qui réside en elle en plénitude, pour être communiquée en plénitude aux vrais membres de Jésus-Christ et à ses vrais enfants.

7. Le Saint-Esprit ayant épousé Marie, et ayant produit en elle, et par elle, et d'elle, Jésus-Christ, ce chef-d'œuvre, le Verbe incarné, comme il ne l'a jamais répudiée, il continue à produire tous les

jours en elle et par elle, d'une manière mystérieuse, mais véritable, les prédestinés.

8. Marie a reçu de Dieu une domination particulière sur les âmes pour les nourrir et faire croître en Dieu. Saint Augustin dit même que dans ce monde les prédestinés sont tous enfermés dans le sein de Marie, et qu'ils ne viennent au monde que lorsque cette bonne Mère les enfante à la vie éternelle. Par conséquent, comme l'enfant tire toute sa nourriture de sa mère, qui la rend proportionnée à sa faiblesse, de même, les prédestinés tirent toute leur nourriture spirituelle et toute leur force de Marie.

9. C'est à Marie que Dieu le Père a dit: *In Jacob inhabita*: Ma Fille, demeurez en Jacob, c'est-à-dire dans mes prédestinés figurés par Jacob. C'est à Marie que Dieu le Fils a dit: *In Israel haereditare*: Ma chère Mère, ayez votre héritage en Israel, c'est-à-dire dans les prédestinés. Enfin, c'est à Marie que le Saint-Esprit a dit: *In electis meis mitte radices*: Jetez, ma fidèle épouse, des racines en mes élus. Quiconque donc est élu et prédestiné, a la Sainte Vierge demeurant chez soi, c'est-à-dire dans son âme, et il la laisse y jeter les racines d'une profonde humilité, d'une ardente charité et de toutes les vertus...

10. Marie est appelée par saint Augustin, et est, en effet, le monde [moule] vivant de Dieu, *forma Dei*,

c'est-à-dire que c'est en elle seule que Dieu [fait] homme a été formé au naturel, sans qu'il lui manque aucun trait de la Divinité, et c'est aussi en elle seule que l'homme peut être formé en Dieu au naturel, autant que la nature humaine en est capable, par la grâce de Jésus-Christ.

Un sculpteur peut faire une figure ou un portrait au naturel de deux manières: 1/ se servant de son industrie, de sa force, de sa science et de la bonté de ses instruments pour faire cette figure en une matière dure et informe; 2/ il peut la jeter en moule. La première est longue et difficile et sujette à beaucoup d'accidents: il ne faut souvent qu'un coup de ciseau ou de marteau donné mal à propos pour gâter tout l'ouvrage. La seconde est prompte, facile et douce, presque sans peine et sans coûtage, pourvu que le moule soit parfait et qu'il représente au naturel; pourvu que la matière dont il se sert soit bien malléable, ne résistant aucunement à sa main.

Marie est le grand moule de Dieu, fait par le Saint-Esprit, pour former au naturel un Homme Dieu par l'union hypostatique, et pour former un homme Dieu par la grâce. Il ne manque à ce moule aucun trait de la divinité; quiconque y est jeté et se laisse manier aussi, y reçoit tous les traits de Jésus-Christ, vrai Dieu, d'une manière douce et proportionnée à la faiblesse humaine; sans beaucoup d'agonies et de travaux; d'une manière sûre, sans crainte d'illusion, car le démon n'a point eu et n'aura jamais d'accès en Marie, sainte et immaculée, sans ombre de la moindre tache de péché.

Oh! chère âme, qu'il y a de différence entre une âme formée en Jésus-Christ par les voies ordinaires de ceux qui, comme les sculpteurs, se fient en leur savoir-faire et s'appuient sur leur industrie, et entre une âme bien maniable, bien déliée, bien fondue, et qui, sans aucun appui sur elle- même, se jette en Marie et s'y laisse manier par l'opération du Saint-Esprit! Qu'il y a de taches, qu'il y a de défauts, qu'il y a de ténèbres, qu'il y a d'illusions, qu'il y a de naturel, qu'il y a d'humain dans la première âme; et que la seconde est pure, divine et semblable à Jésus-Christ!

Il n'y a point et il n'y aura jamais créature où Dieu soit plus grand, hors de lui-même et en lui-même, que dans la divine Marie, sans exception ni des bienheureux, ni des chérubins, ni des plus hauts séraphins, dans le paradis même... Marie est le paradis de Dieu et son monde ineffable, où le Fils de Dieu est entré pour y opérer des merveilles, pour le garder et s'y complaire. Il a fait un monde pour l'homme voyageur, c'est celui-ci; il a fait un monde pour l'homme bienheureux, et c'est le paradis; mais il en a fait un autre pour lui, auquel il a donné le nom de Marie; monde inconnu presque à tous les mortels ici-bas et incompréhensible à tous les anges et les bienheureux, là-haut dans le ciel, qui, dans l'admiration de voir Dieu si relevé et si reculé d'eux tous, si séparé et si caché dans son monde, la divine Marie, s'écrient jour et nuit: Saint, Saint, Saint.

Heureuse et mille fois heureuse est l'âme ici-bas, à qui le Saint-Esprit révèle le secret de Marie pour le connaître; et à qui il ouvre ce jardin clos pour y entrer, et cette fontaine scellée pour y puiser et boire à longs traits les eaux vives de la grâce! Cette âme ne trouvera que Dieu seul, sans créature, dans cette aimable créature; mais Dieu en même temps infiniment saint et relevé, infiniment condescendant et proportionné à sa faiblesse. Puisque Dieu est partout, on peut le trouver partout, jusque dans les enfers; mais il n'y a point de lieu où la créature puisse le trouver plus proche d'elle et plus proportionné à sa faiblesse qu'en Marie, puisque c'est pour cet effet qu'il y est descendu. Partout ailleurs, il est le Pain des forts et des anges; mais, en Marie, il est le Pain des enfants...

Qu'on ne s'imagine donc pas, avec quelques faux illuminés, que Marie, étant créature, elle soit un empêchement à l'union au Créateur: ce n'est plus Marie qui vit, c'est Jésus-Christ seul, c'est Dieu seul qui vit en elle. Sa transformation en Dieu surpasse plus celle de saint Paul et des autres saints, que le ciel ne surpasse la terre en élévation. Marie n'est faite que pour Dieu, et tant s'en faut qu'elle arrête une âme à elle-même, qu'au contraire elle la jette en Dieu et l'unit à lui avec d'autant plus de perfection que l'âme s'unit davantage à elle. Marie est l'écho admirable de Dieu, qui ne répond que: Dieu, lorsqu'on lui crie: Marie, qui ne glorifie que Dieu, lorsque, avec sainte Élizabeth, on l'appelle bienheureuse. Si les faux illuminés, qui ont été si misérablement abusés par le démon jusque dans l'oraison, avaient su trouver Marie, et par Marie Jésus et par Jésus Dieu, ils n'auraient pas fait de si terribles chutes. Quand on a une fois trouvé Marie, et, par Marie, Jésus, et par Jésus, Dieu le Père, on a trouvé tout bien, disent les saintes âmes: *Inventa*, etc. Qui dit tout n'excepte rien: toute grâce et toute amitié auprès de Dieu; toute sûreté contre les ennemis de Dieu, toute vérité contre le mensonge; toute facilité et toute victoire contre les difficultés du salut; toute douceur et toute joie dans les amertumes de la vie.

Ce n'est pas que celui qui a trouvé Marie par une vraie dévotion soit exempt de croix et de souffrances, tant s'en faut; il en est plus assailli qu'aucun autre, parce que Marie, étant la mère des vivants, donne à tous ses enfants des morceaux de l'Arbre de vie, qui est la croix de Jésus, mais c'est qu'en leur taillant de bonnes croix, elle leur donne la grâce de les porter patiemment et même joyeusement; en sorte que les croix qu'elle donne à ceux qui lui appartiennent sont plutôt des confitures ou des croix confites que des croix amères; ou, s'ils en sentent pour un temps l'amertume du calice qu'il faut boire nécessairement pour être ami de Dieu, la consolation et la joie, que cette bonne Mère fait succéder à la tristesse, les animent infiniment à porter des croix encore plus lourdes et plus amères.

C. UNE VRAIE DÉVOTION À LA SAINTE VIERGE EST INDISPENSABLE

La difficulté est donc de savoir trouver véritablement la divine Marie, pour trouver toute grâce abondante. Dieu étant maître absolu peut communiquer par lui-même ce qu'il ne communique ordinairement que par Marie; on ne peut nier, sans témérité, qu'il ne le fasse même quelquefois, cependant, selon l'ordre que la divine Sagesse a établi, il ne se communique ordinairement aux hommes que par Marie dans l'ordre de la grâce, comme dit saint Thomas. Il faut, pour monter et s'unir à lui, se servir du même

moyen dont il s'est servi pour descendre à nous,
pour se faire homme et pour nous communiquer
ses grâces; et ce moyen est une véritable dévotion à
la Sainte Vierge.

II. EN QUOI CONSISTE LA VRAIE DÉVOTION À MARIE

A. PLUSIEURS VÉRITABLES DÉVOTIONS À LA TRÈS-SAINTE VIERGE

Il y a, en effet, plusieurs véritables dévotions à la très Sainte Vierge: et je ne parle pas ici des fausses.

La première consiste à s'acquitter des devoirs du chrétien, évitant le péché mortel, agissant plus par amour que par crainte et priant de temps en temps la Sainte Vierge et l'honorant comme la Mère de Dieu sans aucune dévotion spéciale envers elle.

La seconde consiste à avoir pour la Sainte Vierge des sentiments plus parfaits d'estime, d'amour, de confiance et de vénération. Elle porte à se mettre des confréries du Saint Rosaire, du Scapulaire, à réciter le chapelet et le saint Rosaire, à honorer ses images et ses autels, à publier ses louanges et s'enrôler dans ses congrégations. Et cette dévotion, excluant le péché, est bonne, sainte et louable; mais elle n'est pas si parfaite et si capable de retirer les âmes des créatures et de les détacher d'elles-mêmes pour les unir à Jésus-Christ.

La troisième dévotion à la Sainte Vierge, connue et pratiquée de très peu de personnes, est celle-ci que je vais découvrir.

B. LA PARFAITE PRATIQUE DE DÉVOTION À MARIE

[1. En quoi elle consiste]

Âme prédestinée, elle consiste à se donner tout entier, en qualité d'esclave, à Marie et à Jésus par elle; ensuite, à faire toute chose avec Marie, en Marie, par Marie et pour Marie. J'explique ces paroles.

Il faut choisir un jour remarquable pour se donner, se consacrer et sacrifier volontairement et par amour, sans contrainte, tout entier, sans aucune réserve, son corps et son âme; ses biens extérieurs de fortune, comme sa maison, sa famille et ses revenus; ses biens intérieurs de l'âme, savoir: ses mérites, ses grâces, ses vertus et satisfactions. Il faut remarquer ici qu'on fait sacrifice, par cette dévotion, à Jésus par Marie, de tout ce qu'une âme a de plus cher et dont aucune religion n'exige le sacrifice, qui est le droit qu'on a de disposer de soi-même et de la valeur de ses prières, de ses aumônes, de ses mortification et satisfactions; en sorte qu'on en laisse l'entière disposition à la très Sainte Vierge, pour appliquer selon sa volonté à la plus grande gloire de Dieu qu'elle seule connaît parfaitement.

On laisse en sa disposition toute la valeur satisfactoire et impétratoire de ses bonnes oeuvres: ainsi, après l'oblation qu'on en a faite, quoique sans aucun vœu, on n'est plus maître de tout le bien qu'on a fait; mais la très Sainte Vierge peut l'appliquer, tantôt à une âme du purgatoire, pour la soulager ou délivrer, tantôt à un pauvre pécheur pour le convertir.

On met bien, par cette dévotion, ses mérites entre les mains de la Sainte Vierge; mais c'est pour les garder, les augmenter, les embellir, parce que nous ne pouvons nous communiquer les uns aux autres les mérites de la grâce sanctifiante, ni de la gloire... Mais on lui donne toutes ses prières et bonnes œuvres, en tant qu'impétratoires et satisfactoires, pour les distribuer et appliquer à qui il lui plaira; et si, après s'être ainsi consacré à la Sainte Vierge, on désire soulager quelque âme du purgatoire... sauver quelque pécheur, soutenir quelqu'un de nos amis par nos prières, nos aumônes, nos mortifications, nos sacrifices, il faudra le lui demander humblement, et s'en tenir à ce qu'elle en déterminera, sans le connaître; étant bien persuadé que la valeur de nos actions, étant dispensée par la même main dont Dieu se sert pour nous dispenser ses grâces et ses dons, ils ne peuvent manquer d'être appliqués à sa plus grande gloire.

J'ai dit que cette dévotion consiste à se donner à Marie en qualité d'esclave. Il faut remarquer qu'il y a trois sortes d'esclavage. Le premier est l'esclavage de la nature; les hommes bons et mauvais sont esclaves de Dieu en cette manière.
Le second, c'est l'esclavage de contrainte; les démons et les damnés sont les esclaves de Dieu en cette manière. Le troisième, c'est l'esclavage d'amour et de volonté; et c'est celui par lequel nous devons nous consacrer à Dieu par Marie, de la manière la plus parfaite dont une créature se puisse servir pour se donner à son Créateur.

Remarquez encore qu'il y a bien de la différence entre un serviteur et un esclave. Un serviteur veut des gages pour ses services; l'esclave n'en a point. Le serviteur est libre de quitter son maître quand il voudra et il ne le sert que pour un temps; l'esclave ne le peut quitter justement, il lui est livré pour toujours. Le serviteur ne donne pas à son maître droit de vie et de mort sur sa personne; l'esclave se donne tout entier, en sorte que son maître pourrait le faire mourir sans qu'il en fût inquiété par la justice. Mais il est aisé de voir que l'esclave de contrainte a la plus étroite des dépendances, qui ne peut proprement convenir qu'à un homme envers son Créateur. C'est pourquoi les chrétiens ne font point de tels esclaves; il n'y a que les Turcs et les idolâtres qui en font de la sorte.

Heureuse et mille fois heureuse est l'âme libérale qui se consacre à Jésus par Marie, en qualité d'esclave d'amour, après avoir secoué par le baptême l'esclavage tyrannique du démon!

[2. Excellence de cette pratique]

Il me faudrait beaucoup de lumières pour décrire parfaitement l'excellence de cette pratique, et je dirai seulement en passant:

1. Que se donner ainsi à Jésus par les mains de Marie, c'est imiter Dieu le Père qui ne nous a donné son Fils que par Marie, et qui ne nous communique ses grâces que par Marie; c'est imiter Dieu le Fils qui n'est venu à nous que par Marie, et qui, nous ayant donné l'exemple pour faire comme il a fait, nous a sollicités à aller à lui par le même moyen par

lequel il est venu à nous, qui est Marie; c'est imiter le Saint- Esprit qui ne nous communique ses grâces et ses dons que par Marie. N'est-il pas juste que la grâce retourne à son auteur, dit saint Bernard, par le même canal par lequel elle nous est venue?

2. Aller à Jésus-Christ par Marie, c'est véritablement honorer Jésus-Christ, parce que c'est marquer que nous ne sommes pas dignes d'approcher de sa sainteté infinie directement par nous-mêmes, à cause de nos péchés, et que nous avons besoin de Marie, sa sainte Mère, pour être notre avocate et notre médiatrice auprès de lui, qui est notre médiateur. C'est en même temps s'approcher de lui comme de notre médiateur et notre frère, et nous humilier devant lui comme devant notre Dieu et notre juge: en un mot, c'est pratiquer l'humilité qui ravit toujours le cœur de Dieu...

3. Se consacrer ainsi à Jésus par Marie, c'est mettre entre les mains de Marie nos bonnes actions qui, quoiqu'elles paraissent bonnes, sont très souvent souillées et indignes des regards et de l'acceptation de Dieu devant qui les étoiles ne sont pas pures. Ah! prions cette bonne Mère et Maîtresse que, ayant reçu notre pauvre présent, elle le purifie, elle le sanctifie, elle l'élève et l'embellisse de telle sorte qu'elle le rende digne de Dieu. Tous les revenus de notre âme sont moindres devant Dieu, le Père de

famille, pour gagner son amitié et sa grâce, que ne serait devant le roi la pomme véreuse d'un pauvre paysan, fermier de sa Majesté, pour payer sa ferme. Que ferait le pauvre homme, s'il avait de l'esprit et s'il était bien venu auprès de la reine? Amie du pauvre paysan et respectueuse envers le roi, n'ôterait-elle pas de cette pomme ce qu'il y a de véreux et de gâté et ne la mettrait-elle pas dans un bassin d'or entouré de fleurs; et le roi pourrait-il s'empêcher de la recevoir, même avec joie, des mains de la reine qui aime ce paysan... *Modicum quid offerre desideras? manibus Mariae tradere cura, si non vis sustinere repulsam.* Si vous voulez offrir quelque chose à Dieu, dit saint Bernard, mettez-[le] dans les mains de Marie, à moins que vous ne vouliez être rebuté.

Bon Dieu que tout ce que nous faisons est peu de chose! Mais mettons-le dans les mains de Marie par cette dévotion. Comme nous nous serons donnés tout à fait à elle, autant qu'on se peut donner, en nous dépouillant de tout en son honneur, elle nous sera infiniment plus libérale, elle nous donnera "pour un œuf un bœuf", elle se communiquera toute à nous avec ses mérites et ses vertus; elle mettra nos présents dans le plat d'or de sa charité; elle nous revêtira comme Rébecca fit Jacob, des beaux habits de son Fils aîné et unique Jésus-Christ, c'est-à-dire de ses mérites qu'elle a à sa disposition: et ainsi, comme ses domestiques et esclaves, après nous être dépouillés de tout pour l'honorer, nous aurons doubles vêtements: *Omnes domestici ejus vestiti sunt duplicibus*: vêtements, ornements, parfums, mérites et vertus de Jésus et Marie dans l'âme d'un esclave de Jésus et Marie dépouillé de soi-même et fidèle en son dépouillement.

4. Se donner ainsi à la Sainte Vierge, c'est exercer dans le plus haut point qu'on peut la charité envers le prochain, puisque se faire volontairement son captif, c'est lui donner ce qu'on a de plus cher, afin qu'elle en puisse disposer à sa volonté en faveur des vivants et des morts.

5. C'est par cette dévotion qu'on met ses grâces, ses mérites et vertus en sûreté, en faisant Marie la dépositaire et lui disant: "Tenez, ma chère Maîtresse, voilà ce que, par la grâce de votre Fils, j'ai fait de bien; je ne suis pas capable de le garder à cause de ma faiblesse et de mon inconstance, à cause du grand nombre et de la malice de mes ennemis qui m'attaquent jour et nuit. Hélas! si l'on voit tous les jours les cèdres du Liban tomber dans la boue, et des aigles, s'élevant jusqu'au soleil, devenir des oiseaux de nuit; mille justes de même tombent à ma gauche et dix mille à ma droite, mais, ma puissante et très puissante Princesse, gardez

tout mon bien, de peur qu'on ne me le vole, tenez-moi, de peur que je ne tombe; je vous confie en dépôt tout ce que j'ai: *Depositum custodi. - Scio cui credidi.* Je sais bien qui vous êtes, c'est pourquoi je me confie tout à vous; vous êtes fidèle à Dieu et aux hommes, et vous ne permettrez pas que rien ne périsse de ce que [je] vous confie; vous êtes puissante, et rien ne peut vous nuire, ni ravir ce que vous avez entre les mains." *Ipsam sequens non devias; ipsam rogans non desperas; ipsam cogitans non erras; ipsa tenente, non corruis; ipsam protegente, non metuis; ipsa duce, non fatigaris; ipsa propitia, pervenis* (Saint Bernard, Inter flores, cap. 135.) Et ailleurs: *Detinet Filium ne percutiat; detinet diabolum ne noceat; detinet virtutes ne fugiant; detinet merita ne pereant; detinet gratiam ne effluat.* Ce sont les paroles de Saint Bernard qui expriment en substance tout ce que je viens de dire. Quand il n'y aurait que ce seul motif pour m'exciter à cette dévotion, comme [étant] le moyen de me conserver et augmenter même dans la grâce de Dieu, je ne devrais respirer que feu et flammes pour elle.

6. Cette dévotion rend une âme vraiment libre de la liberté des enfants de Dieu. Comme pour l'amour de Marie, on se réduit volontairement en l'esclavage, cette chère Maîtresse, par reconnaissance, élargit et dilate le cœur, et fait marcher à pas de géant dans la voie des commandements de Dieu. Elle ôte l'ennui, la

tristesse et le scrupule. Ce fut cette dévotion que Notre-Seigneur apprit à la chère Agnès de Langeac, religieuse morte en odeur de sainteté, comme un moyen assuré pour sortir des grandes peines et perplexités où elle se trouvait: "Fais-toi, lui dit-il, esclave de ma Mère et prends la chaînette"; ce qu'elle fit; et dans le moment, toutes ses peines cessèrent.

Pour autoriser cette dévotion, il faudrait rapporter ici toutes les bulles et les indulgences des papes et les mandements des évêques en sa faveur, les confréries établies en son honneur, l'exemple de plusieurs saints et grands personnages qui l'ont pratiquée; mais je passe tout cela sous silence...

[3. Sa formule intérieure et son esprit]

J'ai dit ensuite que cette dévotion consistait à faire toutes choses avec Marie, en Marie, par Marie et pour Marie.

Ce n'est pas assez de s'être donné une fois à Marie, en qualité d'esclave; ce n'est pas même assez de le faire tous les mois, et toutes les semaines: ce serait une dévotion toute passagère, et elle n'élèverait pas l'âme à la perfection où elle est capable de l'élever. Il n'y a pas beaucoup de difficulté à s'enrôler dans une confrérie, à embrasser cette dévotion et à dire quelques prières vocales tous les jours, comme elle prescrit; mais la grande difficulté est d'entrer dans l'esprit de cette dévotion qui est de rendre une âme intérieurement dépendante et esclave de la très Sainte Vierge et de Jésus par elle. J'ai trouvé beaucoup de personnes, qui, avec une ardeur admirable, se sont mises sous leur saint esclavage, à l'extérieur; mais j'en ai bien rarement trouvé qui en aient pris l'esprit et encore moins qui y aient persévéré.

Agir avec Marie

La pratique essentielle de cette dévotion consiste à faire toutes ses actions avec Marie, c'est-à-dire à prendre la Sainte Vierge pour le modèle accompli de tout ce qu'on doit faire.

C'est pourquoi, avant d'entreprendre quelque chose, il faut renoncer à soi-même et à ses meilleures vues; il faut s'anéantir devant Dieu, comme de soi incapable de tout bien surnaturel et de toute action utile au salut; il faut recourir à la très Sainte Vierge, et s'unir à elle et à ses intentions, quoique inconnues; il faut s'unir par Marie aux intentions de Jésus-Christ, c'est-à-dire se mettre comme un instrument entre les mains de la très

Sainte Vierge afin qu'elle agisse en nous, de nous et pour nous, comme bon lui semblera, à la plus [grande] gloire de son Fils, et par son Fils, Jésus, à la gloire du Père; en sorte qu'on ne prenne de vie intérieure et d'opération spirituelle que dépendamment d'elle...

Agir en Marie

Il faut faire toute chose en Marie, c'est-à-dire qu'il faut s'accoutumer peu à peu à se recueillir au-dedans de soi- même pour y former une petite idée ou image spirituelle de la très Sainte Vierge.

Elle sera à l'âme l'Oratoire pour y faire toutes ses prières à Dieu, sans crainte d'être rebutée; la Tour de David pour s'y mettre en sûreté contre tous ses ennemis; la Lampe allumée pour éclairer tout l'intérieur et pour brûler de l'amour divin; le Reposoir sacré pour voir Dieu avec elle; et enfin son unique Tout auprès de Dieu, son recours universel. Si elle prie, ce sera en Marie; si elle reçoit Jésus par la sainte communion, elle le mettra en Marie pour s'y complaire; si elle agit, ce sera en Marie; et partout et en tout elle produira des actes de renoncement à elle-même...

Agir par Marie

Il faut n'aller jamais à Notre-Seigneur que par son intercession et son crédit auprès de lui, ne se trouvant jamais seul pour le prier...

Agir pour Marie

Il faut faire toutes ses actions pour Marie, c'est-à-dire qu'étant esclave de cette auguste Princesse, il faut qu'elle ne travaille plus que pour Elle, que pour son profit, que pour sa gloire, comme fin prochaine, et pour la gloire de Dieu, comme fin dernière. Elle [doit] donc en tout ce qu'elle fait, renoncer à son amour propre, qui se prend presque toujours pour fin d'une manière presque imperceptible, et répéter souvent du fond du cœur: Ô ma chère Maîtresse, c'est pour vous que je vais ici ou là, que je fais ceci ou cela, que je souffre cette peine ou cette injure!

Prends bien garde, âme prédestinée, de croire qu'il est plus parfait d'aller tout droit à Jésus, tout droit à Dieu dans ton opération et intention; si tu veux y aller sans Marie, ton opération, ton intention sera de peu de valeur; mais y allant par Marie, c'est l'opération de Marie en toi, et, par conséquent, elle sera très relevée et très digne de Dieu.

De plus, prends bien garde de te faire violence pour sentir et goûter ce que tu dis et fais: dis et fais tout dans la pure foi que Marie a eue sur la terre, qu'elle te communiquera avec le temps; laisse à ta Souveraine, pauvre petite esclave, la vue claire de Dieu, les transports, les joies, les plaisirs, les richesses, et ne prends pour toi que la pure foi, pleine de dégoûts, de distractions, d'ennuis, de sécheresse; dis: *Amen*, ainsi soit-il, à ce que fait Marie, ma Maîtresse, dans le ciel; c'est ce que fais de meilleur pour le présent...

Prends bien garde encore de te tourmenter si tu ne jouis pas sitôt de la douce présence de la Sainte Vierge en ton intérieur. Cette grâce n'est pas faite à tous; et quand Dieu en favorise une âme par grande miséricorde, il lui est bien aisé de la perdre si elle n'est pas fidèle à se recueillir souvent; et si ce malheur t'arrivait, reviens doucement et fais amende honorable à ta Souveraine.

[4. Les effets qu'elle produit dans l'âme fidèle]

L'expérience t'en apprendra infiniment plus que je ne t'en dis, et tu trouveras, si tu as été fidèle au peu que je t'ai dit, tant de richesse et de grâces en cette pratique que tu en seras surprise et ton âme sera toute remplie d'allégresse...

Travaillons donc, chère âme, et faisons en sorte que, par cette dévotion fidèlement pratiquée, l'âme de Marie soit en nous pour glorifier le Seigneur, que l'esprit de Marie soit en nous pour se réjouir en Dieu son Sauveur. Ce sont là les paroles de saint Ambroise: *Sit in singulis anima Mariae ut magnificet Dominum, [sit] in singulis spiritus Mariae [ut] exultet in Deo...* Et ne croyons pas qu'il y eut plus de gloire et de bonheur à demeurer dans le sein d'Abraham, qui est le Paradis, que dans le sein de Marie, puisque Dieu y a mis son trône. Ce sont les paroles du saint abbé Guerric: "*Ne credideris majoris esse felicitatis habitare in sinu Abrahae, qui [vocatur] Paradisum, quam in sinu Mariae in quo Dominus thronum suum posuit.*"

Cette dévotion, fidèlement pratiquée, produit une infinité d'effets dans l'âme. Mais le principal don que les âmes possèdent, c'est d'établir ici-bas la vie de Marie dans une âme, en sorte que ce n'est plus l'âme qui vit, mais Marie en elle, ou l'âme de Marie devient son âme, pour ainsi dire. Or, quand par une grâce ineffable, mais véritable, la divine Marie est Reine dans une âme, quelles merveilles n'y fait-elle point? Comme elle est l'ouvrière des grandes merveilles, particulièrement à l'intérieur, elle y travaille en secret, à l'insu même de l'âme qui, par sa connaissance détruirait la beauté de ses ouvrages...

Comme elle est partout Vierge féconde, elle porte dans tout l'intérieur où elle est la pureté de cœur et de corps, la pureté en ses intentions et ses desseins, la fécondité en bonnes œuvres. Ne croyez pas, chère âme, que Marie, la plus féconde de toutes les créatures, et qui est allée jusqu'au point de produire un Dieu, demeure oiseuse en une âme fidèle. Elle la fera vivre sans cesse en Jésus-Christ, et Jésus-Christ en elle. *Filioli mei, quos iterum parturio donce formetur Christus in vobis* (Gal 4,19), et si Jésus-Christ est aussi bien le fruit de Marie en chaque âme en particulier que par tout le monde en général, c'est particulièrement dans l'âme où elle est que Jésus-Christ est son fruit et son chef-d'œuvre.

Enfin, Marie devient toute chose à cette âme auprès de Jésus-Christ: elle éclaire son esprit par sa pure foi. Elle approfondit son cœur par son humilité, elle l'élargit et l'embrase par sa charité, elle le purifie par sa pureté, elle l'anoblit et l'agrandit par sa maternité. Mais à quoi est-ce que je m'arrête? Il n'y a que l'expérience qui apprend ces merveilles de Marie, qui sont incroyables aux gens savants et orgueilleux, et même au commun des dévots et dévotes...

Comme c'est par Marie que Dieu est venu au monde pour la première fois, dans l'humiliation et l'anéantissement, ne pourrait-on pas dire aussi que c'est par Marie que Dieu viendra une seconde fois, comme toute l'Église l'attend, pour régner partout et pour juger les vivants et les morts? Savoir comment cela se fera, et quand cela se fera, qui est-ce qui le sait? Mais je sais bien que Dieu, dont les pensées sont plus éloignées des nôtres que le ciel ne l'est de la terre, viendra dans un temps et de la manière la moins attendue des hommes, même les plus savants et les plus intelligents dans l'Écriture sainte, qui est fort obscure sur ce sujet.

L'on doit croire encore que sur la fin des temps. et peut-être plus tôt qu'on ne pense, Dieu suscitera de grands hommes remplis du Saint-Esprit et de celui de Marie, pour [par] lesquels cette divine Souveraine fera de grandes merveilles dans le monde, pour détruire le péché et établir le règne de Jésus-Christ, son Fils, sur celui du monde corrompu; et c'est par le moyen de cette dévotion à la très Sainte Vierge, que je ne fais que tracer et amoindrir par ma faiblesse, que ces saints personnages viendront à bout de tout...

[5. Les pratiques extérieures]

Outre la pratique intérieure de cette dévotion, dont nous venons de parler, il y en a d'extérieures qu'il ne faut pas omettre ni négliger...

La consécration et son renouvellement

La première, c'est de se donner à Jésus-Christ, en quelque jour remarquable, par les mains de Marie, de laquelle on se fait esclave, et de communier à cet effet, ce jour-là, et le passer en prières: laquelle consécration on renouvellera au moins tous les ans, au même jour.

L'offrande d'un tribut à la Sainte Vierge

La seconde pratique, c'est de donner tous les ans, au même jour, un petit tribut à la Sainte Vierge, pour lui marquer sa servitude et sa dépendance: ç'a toujours été l'hommage des esclaves envers leurs maîtres. Or, ce tribut [est] ou quelque mortification, ou quelque aumône ou quelque pèlerinage, ou quelques prières. Le bienheureux Marin, au rapport de son frère, saint Pierre Damien, prenait la discipline publiquement tous les ans, au même jour, devant un autel de la Sainte Vierge. On ne demande ni conseille cette ferveur; mais, si l'on ne donne pas beaucoup à Marie, l'on doit au moins offrir ce qu'on lui présente avec un cœur humble et bien reconnaissant...

La célébration spéciale de la fête de l'Annonciation

La troisième est de célébrer tous les ans, avec une dévotion particulière, la fête de l'Annonciation, qui est la fête principale de cette dévotion, qui a été établie pour honorer et imiter la dépendance où le Verbe éternel se mit en ce jour, pour notre amour...

La récitation de la Petite Couronne et du Magnificat

La quatrième pratique extérieure est de dire tous les jours, sans obligation à aucun péché, si l'on y manque, la Petite Couronne de la Très Sainte Vierge, composée de trois *Pater* et de douze *Ave*, et de réciter souvent le *Magnificat*, qui est l'unique cantique que nous ayons de Marie, pour remercier Dieu de ses bienfaits et pour en attirer de nouveaux; surtout, il ne faut pas manquer de le réciter après la sainte communion, pour action de grâces, comme le savant Gerson tient que la Sainte Vierge même faisait après la communion...

Le port de la chaînette

Le cinquième, c'est de porter une petite chaîne
bénite au cou, ou au bras, ou au pied, ou au travers
du corps. Cette pratique peut absolument
s'omettre, sans intéresser le fond de cette dévotion;
mais cependant il serait pernicieux de la mépriser et
condamner, et dangereux de la négliger... Voici les
raisons qu'on a de porter cette marque extérieure:

1/ pour se garantir des funestes chaînes du péché
originel et actuel, dont nous avons été liés;

2/ pour honorer les cordes et les liens amoureux
dont Notre-Seigneur a bien voulu être garrotté,
pour nous rendre vraiment libres;

3/ comme ces liens sont des liens de charité, *traham
eos in vinculis caritatis*, c'est pour nous faire souvenir
que nous ne devons agir que par le mouvement de
cette vertu;

4/ enfin, c'est pour nous faire ressouvenir de notre
dépendance de Jésus et de Marie, en qualité
d'esclave, qu'on a coutume de porter semblables
chaînes. Plusieurs grands personnages, qui s'étaient
faits esclaves de Jésus et de Marie, estimaient tant
ces chaînettes qu'ils se plaignaient de ce qu'il ne leur

était pas permis de les traîner publiquement à leur pied comme les esclaves des Turcs. Ô chaînes plus précieuses et plus glorieuses que les colliers d'or et de pierres précieuses de tous les empereurs, puisqu'elles nous lient à Jésus-Christ et à sa sainte Mère, et en sont les illustres marques et livrées! Il faut remarquer qu'il est à propos que les chaînes, si elles ne sont pas d'argent, soient au moins de fer, à cause de la commodité... Il ne les faut jamais quitter pendant la vie, afin qu'elles nous puissent accompagner jusqu'au jour du jugement. Quelle joie, quelle gloire, quel triomphe pour un fidèle esclave, au jour du jugement, que ses os, au son de la trompette se lèvent de terre encore liés par la chaîne de l'esclavage, qui apparemment ne sera point pourrie! Cette seule pensée doit animer fortement un dévot esclave à ne la jamais quitter, quelque incommode qu'elle puisse être à la nature.

SUPPLÉMENT

ORAISONS À JESUS ET À MARIE

ORAISON À JESUS

Mon aimable Jésus, permettez-moi de m'adresser à vous pour vous témoigner la reconnaissance où je suis de la grâce que vous m'avez faite, en me donnant à votre sainte Mère par la dévotion de l'esclavage, pour être mon avocate auprès de votre Majesté, et mon supplément universel dans ma très grande misère. Hélas! Seigneur, je suis si misérable que, sans cette bonne Mère, je serais infailliblement perdu. Oui, Marie m'est nécessaire auprès de vous, partout: nécessaire pour vous calmer dans votre juste colère, puisque je vous ai tant offensé tous les jours; nécessaire pour arrêter les châtiments éternels de votre justice que je mérite; nécessaire pour vous regarder, pour vous parler, vous prier, vous approcher et vous plaire; nécessaire pour sauver mon âme et celle des autres; nécessaire, en un mot, pour faire toujours votre sainte volonté et procurer en tout votre plus grande gloire. Ah! que ne puis-je publier par tout l'univers cette miséricorde que vous avez eue envers moi! Que tout le monde ne connaît-[il] que, sans Marie, je serais déjà damné! Que ne puis-je rendre de dignes actions de grâces d'un si grand bienfait! Marie est en moi, *haec facta es mihi*. Oh! quel trésor! Oh! quelle consolation! Et je ne serais pas, après cela, tout à elle! Oh! quelle ingratitude, mon cher Sauveur! Envoyez-moi plutôt la mort que ce malheur m'arrive: car j'aime mieux mourir que de vivre sans être tout à Marie. Je l'ai mille et mille fois prise pour tout mon bien avec saint Jean l'Évangéliste, au pied de la croix et je me suis autant de fois donné à elle; mais, si je ne l'ai pas encore bien fait selon vos désirs, mon cher Jésus, je le fais maintenant comme vous le voulez que je le fasse; et si vous voyez en mon âme et mon corps quelque chose qui n'appartienne pas à cette auguste Princesse, je vous prie de me l'arracher et de le jeter loin de moi, puisque, n'étant pas à Marie, il est indigne de vous.

Ô Saint-Esprit! accordez-moi toutes ces grâces et plantez, arrosez et cultivez en mon âme l'aimable Marie, qui est l'Arbre de vie véritable, afin qu'il croisse, qu'il fleurisse et apporte du fruit de vie avec abondance. Ô Saint- Esprit! donnez-moi une grande dévotion et un grand penchant vers votre divine Épouse, un grand appui sur son sein maternel et un recours continuel à sa miséricorde, afin qu'en elle vous formiez en moi Jésus-Christ au

naturel, grand et puissant, jusqu'à la plénitude de
son âge parfait. Ainsi soit-il.

ORAISON À MARIE pour ses fidèles esclaves

Je vous salue, Marie, Fille bien-aimée du Père
Éternel; je vous salue, Marie, Mère admirable du
Fils; je vous salue, Marie, Épouse très fidèle du
Saint-Esprit; je vous salue, Marie, ma chère Mère,
mon aimable Maîtresse et ma puissante Souveraine,
je vous salue, ma joie, ma gloire, mon cœur et mon
âme! Vous êtes toute à moi par miséricorde, et je
suis tout à vous par justice. Et je ne le suis pas
encore assez: je me donne à vous tout entier de
nouveau, en qualité d'esclave éternel, sans rien
réserver pour moi ni pour autre. Si vous voyez
encore en moi quelque chose qui ne vous
apartienne pas, je vous supplie de le prendre en ce
moment, et de vous rendre la Maîtresse absolue de
mon pouvoir; de détruire et déraciner et d'y
anéantir tout ce qui déplait à Dieu, et d'y planter,
d'y élever et d'y opérer tout ce qui vous plaira. Et
que la lumière de votre foi dissipe les ténèbres de
mon esprit; que votre humilité profonde prenne la
place de mon orgueil; que votre contemplation
sublime arrête les distractions de mon imagination
vagabonde; que votre vue continuelle de Dieu

remplisse ma mémoire de sa présence; que
l'incendie de la charité de votre cœur dilate et
embrase la tiédeur et la froideur du mien; que vos
vertus prennent la place de mes péchés; que vos
mérites soient mon ornement et mon supplément
devant Dieu. Enfin, ma très chère et bien-aimée
Mère, faites, s'il se peut, que je n'aie point d'autre
esprit que le vôtre pour connaître Jésus-Christ et
ses divines volontés; que je n'aie point d'autre âme
que la vôtre pour louer et glorifier le Seigneur; que
je n'aie point d'autre cœur que le vôtre pour aimer
Dieu d'un amour pur et d'un amour ardent comme
vous.

Je ne vous demande ni visions, ni révélations, ni
goûts, ni plaisirs même spirituels. C'est à vous de
voir clairement sans ténèbres; c'est à vous de goûter
pleinement, sans amertume; c'est à vous de
triompher glorieusement à la droite de votre Fils
dans le ciel, sans aucune humiliation; c'est à vous de
commander absolument aux anges et aux hommes
et aux démons, sans résistance, et enfin de disposer,
selon votre volonté, de tous les biens de Dieu, sans
aucune réserve. Voilà, divine Marie, la très bonne
part que le Seigneur vous a donnée et qui ne vous
sera jamais ôtée; et ce qui me donne une grande
joie. Pour ma part, ici-bas, je n'en veux point
d'autre que celle que vous avez eue, savoir: de
croire purement, sans rien goûter ni voir; de

souffrir joyeusement, sans consolation des créatures; de mourir continuellement à moi-même sans relâche; et de travailler fortement jusqu'à la mort, pour vous, sans aucun intérêt, comme le plus vil de vos esclaves. La seule grâce que je vous demande, par pure miséricorde, c'est que, tous les jours et moments de ma vie, je dise trois fois *Amen*: Ainsi soit-il, à tout ce que vous avez fait sur la terre, lorsque vous y viviez; Ainsi soit-il, à tout ce que vous faites à présent dans le ciel; Ainsi soit-il, à tout ce que vous faites en mon âme, afin qu'il n'y ait que vous à glorifier pleinement Jésus en moi pendant le temps et l'éternité. Ainsi soit-il.

LA CULTURE ET L'ACCROISSEMENT DE L'ARBRE DE VIE

AUTREMENT LA MANIÈRE DE FAIRE VIVRE
ET RÉGNER MARIE DANS NOS ÂMES.

1. Le Saint Esclavage d'amour. Arbre de vie.

Avez-vous compris, âme prédestinée, par l'opération du Saint-Esprit, ce que je viens de dire ? Remerciez-en Dieu! C'est un secret inconnu de presque tout le monde. Si vous avez trouvé le trésor caché dans le champ de Marie, la perle précieuse de l'Évangile, il faut tout vendre pour l'acquérir; il faut que vous fassiez un sacrifice de vous-même entre les mains de Marie, et vous perdre heureusement en elle pour y trouver Dieu seul. Si le Saint-Esprit a planté dans votre âme le véritable Arbre de vie, qui est la dévotion que je viens de vous expliquer, il faut que vous apportiez tous vos soins à le cultiver, afin qu'il donne son fruit en son temps. Cette dévotion est le grain de sénevé dont il est parlé dans l'Évangile, qui étant, ce semble, le plus petit de tous les grains, devient néanmoins bien grand et pousse sa tige si haut que les oiseaux du ciel, c'est-à-dire les prédestinés, y font leur nid et y reposent à l'ombre dans la chaleur

du soleil et s'y cachent en sûreté contre les bêtes
féroces.

2. La manière de le cultiver.

Voici, âme prédestinée, la manière de le cultiver:

1. Cet arbre, étant planté dans un cœur bien fidèle,
veut être en plein vent, sans aucun appui humain;
cet arbre, étant divin, veut toujours être sans
aucune créature qui pourrait l'empêcher de s'élever
vers son principe, qui est Dieu. Ainsi, il ne faut
point s'appuyer de son industrie humaine ou de ses
talents purement naturels, ou du crédit et de
l'autorité des hommes: il faut avoir recours à Marie
et s'appuyer [sur] son secours.

2. Il faut que l'âme, où cet arbre est planté, soit sans
cesse occupée comme un bon jardiner, à le garder
et regarder. Car cet arbre, étant vivant et devant
produire un fruit de vie, veut être cultivé et
augmenté par un continuel regard et contemplation
de l'âme; et c'est l'effet d'une âme parfaite d'y
penser continuellement et d'en faire sa principale
occupation.

Il faut arracher et couper les chardons et les épines
qui pourraient suffoquer cet arbre avec le temps ou

l'empêcher d'apporter son fruit: c'est-à-dire qu'il faut être fidèle à couper et trancher, par la mortification et violence à soi- même, tous les plaisirs inutiles et vaines occupations avec les créatures, autrement crucifier sa chair, et garder le silence et mortifier ses sens.

3. Il faut veiller à ce que les chenilles ne l'endommagent point. Ces chenilles sont l'amour-propre de soi- même et des ses aises, qui mangent les feuilles vertes et les belles espérances que l'Arbre avait du fruit: car l'amour de soi-même et l'amour de Marie ne s'accordent aucunement.

4. Il ne faut pas laisser les bêtes en approcher. Ces bêtes sont les péchés, qui pourraient donner la mort à l'Arbre de vie par leur seul attouchement: il ne faut même pas que leur haleine donne dessus, c'est-à-dire les péchés véniels, qui sont toujours très dangereux si on ne s'en fait point de peine...

5. Il faut arroser continuellement cet arbre divin, de ses communions, ses messes et autres prières publiques et particulières; sans quoi cet arbre cesserait de porter du fruit.

6. Il ne faut pas se mettre en peine s'il est soufflé et secoué du vent, car il est nécessaire que le vent des tentations le souffle pour le faire tomber, que les

neiges et les gelées l'entourent pour le perdre; c'est-
à-dire que cette dévotion à la Sainte Vierge sera
nécessairement attaquée et contredite; mais pourvu
qu'on persévère à le cultiver, il n'y a rien à craindre.

3. Son fruit durable : Jésus-Christ.

Âme prédestinée, si vous cultivez ainsi votre Arbre
de vie nouvellement planté par le Saint-Esprit en
votre âme, je vous assure qu'en peu de temps il
croîtra si haut que les oiseaux du ciel y habiteront,
et il deviendra si parfait qu'enfin il donnera son
fruit d'honneur et de grâce en son temps, c'est-à-
dire l'aimable et l'adorable Jésus qui a toujours été
et qui sera l'unique fruit de Marie. Heureuse une
âme en qui Marie, l'Arbre de vie, est plantée; plus
heureuse celle en qui elle est accrue et fleurie; très
heureuse, celle en qui elle porte son fruit; mais la
plus heureuse de toutes est celle qui goûte et
conserve son fruit jusqu'à la mort et dans les siècles
des siècles.
Ainsi soit-il. *Qui tenet, teneat.*

QUELQUES PRIÈRES À LA SAINTE VIERGE MARIE

Je vous salue Marie

Je vous salue Marie
pleine de Grâce
le Seigneur est avec vous
Vous êtes bénie entre toutes les femmes
Et Jésus, le fruit de vos entrailles, est béni.
Sainte Marie, Mère de Dieu,
priez pour nous pauvres pécheurs
maintenant et à l'heure de notre mort.
Amen !

Saint Cyrille d'Alexandrie (v.380-v.444)

Je te salue, Marie, Mère de Dieu,
trésor vénéré de tout l'univers,
lumière qui ne s'éteint pas,
toi de qui est né le soleil de la justice,
sceptre de la vérité, temple indestructible.
Je te salue, Marie,
demeure de celui qu'aucun lieu ne contient,
toi qui as fait pousser un épi
qui ne se flétrira jamais.
Par toi les bergers ont rendu gloire à Dieu,
par toi est béni, dans l'Évangile,
celui qui vient au nom du Seigneur.
Par toi la Trinité est glorifiée,
par toi la croix est adorée dans l'univers entier.
Par toi exultent les cieux,
par toi l'humanité déchue a été relevée.
Par toi le monde entier a enfin connu la Vérité.
Par toi, sur toute la terre, se sont fondées des
églises.
Par toi le Fils unique de Dieu
a fait resplendir sa lumière
sur ceux qui étaient dans les ténèbres,
assis à l'ombre de la mort.
Par toi les apôtres ont pu annoncer
le salut aux nations.
Comment chanter dignement ta louange,

Ô Mère de Dieu,
par qui la terre entière tressaille d'allégresse.

Ave Maria Stella (Xè)

Salut, Étoile de la mer,
Sainte Mère de Dieu,
Toi, toujours vierge,
bienheureuse porte du ciel...
Brise les chaînes des pécheurs,
rends la lumière aux aveugles,
délivre-nous de nos misères,
obtiens pour nous les vrais biens.
Montre-nous que tu es mère,
et que le Christ par toi accueille nos prières
lui qui, né pour nous,
accepta d'être ton fils.
Vierge sans pareille
et douce entre toutes,
obtiens le pardon de nos fautes,
rends nos cœurs humbles et purs.
Accorde-nous une vie sainte,
rends sûre notre route
pour que, contemplant Jésus,
nous partagions sans fin ta joie.

Je vous salue Marie (Saint Jean Eudes)

Je vous salue Marie, Fille de Dieu le Père
Je vous salue Marie, Mère de Dieu le Fils
Je vous salue Marie, Épouse du Saint-Esprit
Je vous salue Marie, Temple de toute la Divinité
Je vous salue Marie, Lys blanc de la resplendissante
et toujours immuable Trinité
Je vous salue Marie, Rose éclatante d'un charme
céleste
Je vous salue Marie, Vierge des Vierges, Vierge
fidèle
Dont le Roi des Cieux a voulu naître,
Et dont il a daigné être nourri.
Je vous salue Marie, reine des Martyrs,
Dont l'âme a été transpercée d'un glaive de
douleur.
Je vous salue Marie, Souveraine de l'Univers,
À qui toute puissance a été donnée au Ciel et sur la
Terre,
Je vous salue Marie, Reine de mon Cœur, ma Mère,
Ma vie, ma joie, mon espérance très chère.
Je vous salue Marie, Mère aimable.
Je vous salue Marie, Mère admirable.
Je vous salue Marie, Mère de Miséricorde.
Vous êtes pleine de grâce, le Seigneur est avec vous.
Vous êtes bénie entre toutes les femmes.
Et béni soit le fruit de vos entrailles, Jésus.
Et béni soit votre époux, Saint Joseph.

Et béni soit votre père, Saint Joachim.
Et béni soit votre mère, Sainte Anne.
Et béni soit votre fils, Saint Jean.
Et béni soit votre ange, saint Gabriel.
Et béni soit le Père Éternel, qui vous a choisie.
Et béni soit le fils, qui vous a aimée.
Et béni soit le saint-Esprit, qui vous a épousée.
Et bénis soient à jamais
Tous ceux qui vous bénissent et vous aiment.
Que la Vierge Marie nous bénisse avec son tendre
Fils. Amen !

Jean Paul II – 14 août 2004 à Lourdes

Je te salue Marie, Femme pauvre et humble,
bénie du Très-Haut !
Vierge de l'espérance, prophétie des temps
nouveaux,
nous nous associons à ton hymne de louange
pour célébrer les miséricordes du Seigneur,
pour annoncer la venue du Règne
et la libération totale de l'homme.

Je te salue Marie, humble servante du Seigneur,
glorieuse Mère du Christ !
Vierge fidèle, sainte demeure du Verbe,
enseigne-nous à persévérer dans l'écoute de la
Parole,
à être dociles à la voix de l'Esprit,
attentifs à ses appels dans l'intimité de notre
conscience
et à ses manifestations dans les événements de
l'histoire.

Je te salue Marie, Femme de douleur,
Mère des vivants !
Vierge épouse auprès de la Croix, nouvelle Ève,
sois notre guide sur les routes du monde,
enseigne-nous à vivre et à répandre l'amour du
Christ,
enseigne-nous à demeurer avec Toi

auprès des innombrables croix
sur lesquelles ton Fils est encore crucifié.

Je te salue Marie, Femme de foi,
première entre les disciples !
Vierge, Mère de l'Église, aide-nous à rendre
toujours compte de l'espérance qui est en nous,
ayant confiance en la bonté de l'homme
et en l'amour du Père.
Enseigne-nous à construire le monde, de l'intérieur
:
dans la profondeur du silence et de l'oraison,
dans la joie de l'amour fraternel,
dans la fécondité irremplaçable de la Croix.
Sainte Marie, Mère des croyants,
Notre-Dame de Lourdes, prie pour nous.
Amen.

Litanies de Lorette

- Par quelle prière souhaitez-vous être honorée?
- Par les Litanies de Lorette.

Lors des apparitions de la Sainte Vierge Marie qui ont eu lieu à Heede dans l'Allemagne Nazie, de 1937 à 1940, Notre Sainte Mère du Ciel nous demande de dire cette litanie et de prier le Très Saint Rosaire. Voici son message : *« Je suis le signe du Dieu Vivant. Je place ce signe sur le front de mes enfants. L'étoile de l'enfer va combattre mais sera défaite. Le monde aura à subir la colère Divine pour avoir offensé le cœur Sacré de Jésus. Les fidèles doivent faire des sacrifices et prier le Saint Rosaire. Il dépend de vous de réduire les temps des ténèbres. Le père Éternel va punir ceux qui rejettent sa volonté par de grands malheurs. Quelques uns vont comprendre et écouter mon message et agir comme Je le demande. La plupart des gens vont repousser mon message et en souffrir. Ne craignez point, car Je suis avec vous. Ces temps demandent une expiation. »*

Notre-Dame de Heede

Seigneur, ayez pitié de nous.
Ô Christ, ayez pitié de nous.
Seigneur, ayez pitié de nous.

Ô Christ, écoutez-nous.
Ô Christ, exaucez-nous.

Père céleste qui êtes Dieu, ayez pitié de nous.
Fils, Rédempteur du monde, qui êtes Dieu, ayez
pitié de nous.
Esprit Saint qui êtes Dieu, ayez pitié de nous.
Trinité Sainte qui êtes un seul Dieu, ayez pitié de
nous.

Sainte Marie, priez pour nous.
Sainte Mère de Dieu, priez pour nous.
Sainte Vierge des vierges, priez pour nous.

Mère du Christ, priez pour nous.
Mère de l'Église, priez pour nous.
Mère de la divine grâce, priez pour nous.
Mère très pure, priez pour nous.
Mère très chaste, priez pour nous.
Mère toujours vierge, priez pour nous.
Mère sans tache, priez pour nous.
Mère aimable, priez pour nous.
Mère admirable, priez pour nous.
Mère du bon conseil, priez pour nous.
Mère du Créateur, priez pour nous.

Mère du Sauveur, priez pour nous.

Vierge très prudente, priez pour nous.
Vierge vénérable, priez pour nous.
Vierge digne de louanges, priez pour nous.
Vierge puissante, priez pour nous.
Vierge clémente, priez pour nous.
Vierge fidèle, priez pour nous.

Miroir de justice, priez pour nous.
Siège de la sagesse, priez pour nous.
Cause de notre joie, priez pour nous.
Vase spirituel, priez pour nous.
Vase honorable, priez pour nous.
Vase insigne de la dévotion, priez pour nous.
Rose mystique, priez pour nous.
Tour de David, priez pour nous.
Tour d'ivoire, priez pour nous.
Maison d'or, priez pour nous.
Arche d'alliance, priez pour nous.
Porte du ciel, priez pour nous.
Étoile du matin, priez pour nous.
Salut des infirmes, priez pour nous.
Refuge des pécheurs, priez pour nous.
Consolatrice des affligés, priez pour nous.
Secours des chrétiens, priez pour nous.

Reine des Anges, priez pour nous.
Reine des Patriarches, priez pour nous.

Reine des Prophètes, priez pour nous.
Reine des Apôtres, priez pour nous.
Reine des Martyrs, priez pour nous.
Reine des Confesseurs, priez pour nous.
Reine des Vierges, priez pour nous.
Reine de tous les Saints, priez pour nous.
Reine conçue sans le péché originel, priez pour nous.
Reine élevée au ciel, priez pour nous.
Reine du très saint Rosaire, priez pour nous.
Reine des familles, priez pour nous.
Reine de la paix, priez pour nous.

Agneau de Dieu qui enlevez les péchés du monde, pardonnez-nous, Seigneur.
Agneau de Dieu qui enlevez les péchés du monde, exaucez-nous, Seigneur.
Agneau de Dieu qui enlevez les péchés du monde, ayez pitié de nous.

V. Priez pour nous, Sainte Mère de Dieu,
R. Afin que nous soyons rendus dignes des promesses de Notre Seigneur Jésus-Christ.

PRIONS

Accordez-nous, nous vous en prions, Seigneur Notre Dieu, à nous vos serviteurs, la grâce de jouir constamment de la santé de l'âme et du corps, et, par la glorieuse intercession de la bienheureuse Marie, toujours Vierge, d'être délivrés de la tristesse de la vie présente et de goûter l'éternelle félicité. Par Jésus-Christ Notre-Seigneur. Amen.

Litanies de Notre-Dame de la Délivrance

La Vierge aux roses, William Bouguereau - XIXe siècle

Seigneur, prenez pitié de nous.
Ô Christ, prenez pitié de nous.
Seigneur, prenez pitié de nous.

Jésus-Christ, écoutez-nous.
Jésus-Christ, exaucez-nous.

Père Céleste qui êtes Dieu, prenez pitié de nous.
Fils Rédempteur du monde qui êtes Dieu, prenez
pitié de nous.
Esprit-Saint qui êtes Dieu, prenez pitié de nous.
Trinité Sainte qui êtes un Seul Dieu, prends pitié de
nous.

Sainte Marie, Notre-Dame de la Délivrance, priez
pour nous.
Sainte Marie, Notre-Dame des Victoires, priez pour
nous.
Sainte Marie sur qui a reposé la Puissance du Très-
Haut, priez pour nous.
Sainte Marie, plus vaillante qu'Esther et Judith,
priez pour nous.
Sainte Marie dont le Fils a vaincu les puissances de
l'Enfer, priez pour nous.
Femme vêtue de soleil, invulnérable aux attaques
de Satan, priez pour nous.
Sainte Marie qui nous protégez contre le dragon
furieux, priez pour nous.
Sainte Marie, Refuge des pécheurs, priez pour nous.
Sainte Mairie, Libératrice et Salut des infirmes,
priez pour nous.
Sainte Marie, Espérance des désespérés, priez pour
nous.

Sainte Marie qui avez fait tressaillir Jean Baptiste d'allégresse par la présence du Sauveur dans votre sein, priez pour nous.

Sainte Marie, qui avez procuré à Élisabeth une heureuse délivrance, priez pour nous.

Sainte Marie, Protectrice des femmes enceintes, priez pour nous.

Sainte Marie, bonne délivrance des femmes en travail, priez pour nous.

Sainte Marie, Consolatrice des enfants avortés, priez pour nous.

Du pouvoir et des tentations de Satan, Vierge Marie, délivrez-nous.

De la séduction des idoles et des fausses doctrines, Vierge Marie, délivrez-nous.

Des possessions démoniaques, Vierge Marie, délivrez-nous.

Des illusions pernicieuses de l'esprit des ténèbres, Vierge Marie, délivrez-nous.

Des attaques des sorciers et des maîtres occultes, Vierge Marie, délivrez-nous.

Des pactes diaboliques qui rendent esclave de Satan, Vierge Marie, délivrez-nous.

De l'idolâtrie, du spiritisme et du satanisme, Vierge Marie, délivrez-nous.

Des sectes, de la sorcellerie, et des sociétés secrètes, Vierge Marie, délivrez-nous.

Des infiltrations de la Franc-maçonnerie dans

l'Église, Vierge Marie, délivrez-nous.
Des pièges de la divination et des fausses
prédictions, Vierge Marie, délivrez-nous.
Des fausses visions et des rêves trompeurs, Vierge
Marie, délivrez-nous.
De toutes les malédictions, Vierge Marie, délivrez-
nous.
Des envoûtements, des sortilèges et des maléfices,
Vierge Marie, délivrez-nous.
De l'esprit de mort qui pousse au suicide et au
meurtre, Vierge Marie, délivrez-nous.
Des maladies provoquées par les sortilèges, Vierge
Marie, délivrez-nous.
Des fléaux dévastateurs, Vierge Marie, délivrez-
nous.
De la faim, de la violence et de la guerre, Vierge
Marie, délivrez-nous.
Des accidents mortels, Vierge Marie, délivrez-nous.
Des maladies contagieuses, Vierge Marie, délivrez-
nous.
De la stérilité d'origine maléfique, Vierge Marie,
délivrez-nous.
De toute menace contre les enfants dans le sein
maternel, Vierge Marie, délivrez-nous.
Des accouchements difficiles, Vierge Marie,
délivrez-nous.
Des traumatismes de notre enfance, Vierge Marie,
délivrez-nous.
Des perversions dont sont victimes les enfants,

Vierge Marie, délivrez-nous.
Des angoisses de l'âme et des maux du corps,
Vierge Marie, délivrez-nous.
Des liens généalogiques qui affectent les vivants,
Vierge Marie, délivrez-nous.
Des disparitions mystérieuses de nos proches
parents, Vierge Marie, délivrez-nous.
Des blocages de la vie sentimentale et de nos
facultés mentales, Vierge Marie, délivrez-nous.
Des ravages de l'impiété, Vierge Marie, délivrez-
nous.
Des progrès de l'incroyance et de la civilisation de
la mort, Vierge Marie, délivrez-nous.
De la tentation contre la foi, Vierge Marie, délivrez-
nous.
Des communions indignes et sacrilèges, Vierge
Marie, délivrez-nous.
Du désespoir et du découragement, Vierge Marie,
délivrez-nous.
De l'esprit de peur qui tue la foi en Dieu, Vierge
Marie, délivrez-nous.
De la tiédeur dans le service de Dieu, Vierge Marie,
délivrez-nous.
De l'esprit d'orgueil et de domination, Vierge
Marie, délivrez-nous.
De l'endurcissement dans le péché, Vierge Marie,
délivrez-nous.
Du péché contre l'Esprit Saint, Vierge Marie,
délivrez-nous.

Du refus de pardonner à nos ennemis, Vierge
Marie, délivrez-nous.
Des pensées de haine et des pensées impures,
Vierge Marie, délivrez-nous.
Des embûches du démon à l'heure de la mort,
Vierge Marie, délivrez-nous.
Des souffrances du Purgatoire, Vierge Marie,
délivrez-nous.
De la damnation éternelle, Vierge Marie, délivrez-
nous.

Agneau de Dieu qui enlevez le péché du monde,
Pardonnez-nous, Seigneur.
Agneau de Dieu qui enlevez le péché du monde,
Exaucez-nous, Seigneur.
Agneau de Dieu qui enlevez le péché du monde,
Prenez pitié de nous.

Christ, vainqueur de la mort, Écoutez-nous
Christ, vainqueur de Satan, Exaucez-nous
Esprit Saint, le Libérateur, Écoutez-nous
Esprit Saint, le Consolateur, Exaucez-nous
Dieu le Père Tout-Puissant, Écoutez-nous,
Dieu le Père Tout-Puissant Délivrez-nous du
Malin,

Ô Marie conçue sans péché, Priez pour nous qui
avons recours à Vous.

V. Priez pour nous, Notre-Dame de la Délivrance,
R. Afin que nous soyons affranchis de toutes nos tribulations.

PRIONS

Nous vous louons, Ô Notre Dieu, pour votre Amour, votre Miséricorde, votre Puissance, pour la Victoire du Sang de l'Agneau, de votre Fils Notre Seigneur Jésus-Christ. Nous vous louons pour Notre Mère, la Vierge Marie. Accordez à tous ceux qui se réfugient sous Sa maternelle protection, la délivrance des maux qui les affligent ; libérez-les de la puissance des ténèbres, afin qu'ils vivent dans la liberté des enfants de Dieu, dans le cortège triomphal du Christ ressuscité. Ainsi soit-il.

MAGNIFICAT

Magnificat anima mea Dominum,
et exsultavit spiritus meus in Deo salutari meo.

Quia respexit humilitatem ancillae suae.
Ecce enim ex hoc beatam me dicent omnes
generationes.

Quia fecit mihi magna qui potens est.
Et sanctum nomen ejus.

Et misericordia ejus a progenie in progenies
timentibus eum.
Fecit potentiam in brachio suo.

Dispersit superbos mente cordis sui.
Deposuit potentes de sede, et exaltavit humiles.

Esurientes implevit bonis, et divites dimisit inanes.
Suscepit Israël puerum suum, recordatus
misericordiae suae

Sicut locutus est ad patres nostros, Abraham et
semini ejus in saecula.

Texte français (version traduite)

Mon âme exalte le Seigneur,
et mon esprit a exulté en Dieu, mon Sauveur.

Car il a jeté les yeux sur l'humilité de sa servante,
Et voici que désormais on me dira bienheureuse de
génération en génération.

Car il fit pour moi de grandes choses, celui qui est
puissant,
Et saint est son nom.

Et son pardon s'étend d'âge en âge sur ceux qui le
craignent.
Il a placé la puissance dans son bras,

Il a dispersé ceux dont le cœur était orgueilleux.
Il a renversé les puissants de leurs trônes et élevé
les humbles.

Il a comblé de biens les affamés, et renvoyé les
riches les mains vides.
Il a secouru Israël, son enfant, il s'est souvenu du
pardon qu'il avait promis

Ainsi avait-il parlé à nos pères, à Abraham et à sa
descendance, pour les siècles.

TABLE DES MATIÈRES

Made in the USA
Middletown, DE
19 July 2023

35438866R00055